Método Vai Burro

"É melhor não ofender o burro pela nossa falta de ferramentas."

Orlando Carvalho

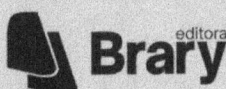

Brary Editora - 2024
Autor: Orlando Carvalho - @orlandolimmacarvalho
www.braryditora.com.br

Projeto Gráfico: Fagner Machado
Editoração: Orlando Carvalho
Conteúdo: Matheus Alvim

Título: Método Vai Burro
Subtítulo: "É melhor não ofender o burro pela nossa falta de ferramentas."
Palavras-chave: Planejamento e Execução.

Detentor dos direitos autorais: Orlando Carvalho

TODOS OS DIREITOS RESERVADOS

É proibida a reprodução total ou parcial, deste material, de qualquer forma ou por qualquer meio. A violação dos direitos de autor (Lei nº 9610/98) é crime estabelecido pelo artigo 184 do Código Penal Brasileiro.

Detentor dos direitos autorais: Orlando Carvalho

Orlando Carvalho é palestrante, mentor e escritor, com um forte compromisso em ajudar indivíduos e empresas a atingirem seu potencial máximo. Ele é o criador de programas voltados para o desenvolvimento de líderes e empreendedores, com foco em equilíbrio e crescimento sustentável:

Governe Mentoria: Programas para líderes que desejam equilibrar os pilares essenciais da vida — **Vida Espiritual, Família, Saúde e Negócios**.

Clareza Estratégica: Orientação para empresários e gestores que buscam crescimento organizado e estratégias eficazes para seus negócios.

GM18K: Esteira de produtos com uma operação estratégica para especialistas que desejam se tornar referências no mercado digital.

Orlando acredita firmemente que a **saúde da família** é um dos pilares essenciais para uma vida equilibrada e bem-sucedida. Ele tem como missão ajudar as pessoas a cuidarem da saúde não apenas no aspecto físico, mas também emocional e mental, criando um ambiente familiar saudável e resiliente. Sua abordagem holística visa desbloquear crenças limitantes e promover ações consistentes para alcançar resultados duradouros.

Além de sua atuação como mentor e empresário, Orlando compartilha seus conhecimentos e experiências como escritor e palestrante, sempre com o objetivo de inspirar as pessoas a viverem de maneira mais equilibrada, saudável e com propósito, promovendo a saúde da família como base para o sucesso nos outros pilares da vida.

Sumário

Introdução – Por que "Vai Burro"?..9

Capítulo 1 – A Filosofia Vai Burro..13

Capítulo 2 – Metodologias com Propósito...18

Capítulo 3 – O Método EPR Detalhado...24

Capítulo 4 – SCRUM na Vida e no Trabalho..31

Capítulo 5 – Ferramentas do Canvas..37

Capítulo 6 – Os Exímios Executores (EE)...44

Capítulo 7 – Resiliência e Adaptação: Transformando Obstáculos em Oportunidades..51

Capítulo 8 – Histórias do Burro, do Cavalo e do Aras......................58

Capítulo 9 – Plantar e Colher: A Jornada do Esforço e Recompensa.....66

Capítulo 10 – 7 Lições da Fábrica 75

Introdução – Por que "Vai Burro"?

Introdução – Por que "Vai Burro"?

Quer rir? ☺

Por que "Vai Burro"?

Bem-vindo ao mundo do "Vai Burro". Pode parecer um título curioso, talvez até cômico, mas ele carrega um significado que vai transformar a forma como você encara o trabalho, as suas metas e a vida. Este livro é para você, que quer sair da inércia, enfrentar os desafios com coragem e, acima de tudo, executar com consistência e propósito.

Aqui, o burro é o protagonista, e não é por acaso. Ao lado da minha fábrica, há um aras com cavalos impressionantes – um deles dança em rodeios, outro tem o nome imponente de Faraó. Mas é o burro, com sua determinação simples e implacável, que rouba a cena. Ele não para, segue seu ritmo com uma energia invejável e um grito característico que lembra a todos, cinco vezes por dia, que a ação é o que move o mundo.

Esse burro me ensinou algo valioso: enquanto muitos esperam pelo momento perfeito, ele faz. E é sobre isso que este livro trata. Não é apenas sobre metodologias como SCRUM, EPR ou Canvas – embora você vá aprender muito sobre elas –, mas sobre como integrar esses sistemas com uma dose saudável de improviso, bom humor e, claro, ação imediata.

A Filosofia do Vai Burro

Já ouviu falar do Método GO Horse? Ele diz algo simples: "Feito é melhor que perfeito." Muitas vezes, ficamos presos no planejamento, na busca pela solução ideal, enquanto a verdadeira mágica está em colocar o pé lá fora, errar, corrigir e melhorar ao longo do caminho.

Claro, você pode pensar: "Mas e a organização? Não é importante?" É sim! É por isso que este livro também mergulha nas ferramentas que estruturam a execução – como SCRUM e o Método EPR – enquanto nos lembra de que o mais importante é começar.

A ideia não é apenas ensinar metodologias, mas mostrar que rir, refletir e agir são partes do mesmo processo. As histórias que você encontrará aqui vêm da minha vida, da fábrica, do aras, e até das frutas pendendo sobre a rua sem saída onde minha equipe trabalha. Porque a execução não precisa ser pesada; ela pode ser leve, descontraída e, ainda assim, transformadora.

Exímios Executores – Um Legado

Meu pai é um exemplo vivo de Exímio Executor. Dono de uma fábrica de brinquedos, ele sempre planejou com simplicidade e disciplina. No final de cada dia, enquanto muitos descansavam, ele fazia uma *daily* com ele mesmo, revisando tudo o que precisava ser feito no dia seguinte. Não havia uma metodologia formal, mas havia consistência.

Com esse hábito, ele conseguia produzir 150 cadeiras por semana. Ele não esperava pela ferramenta perfeita ou pelo momento ideal – ele fazia. E a cada execução, ele melhorava. Esse é o espírito do Exímio Executor: uma combinação de planejamento, aprendizado contínuo e ação implacável.

O que você vai encontrar neste livro?

Este não é um manual técnico. É um convite para rir, refletir e agir. Você aprenderá sobre:

- O Método EPR (Especificidade, Prazo, Recursos) e como ele transforma ideias em resultados.

- SCRUM e sua aplicação prática, tanto na vida pessoal quanto nos negócios.

- Ferramentas como o Canvas para organizar planos de forma clara e eficiente.

- Reflexões inspiradas na simplicidade do plantio: "Plante hoje para colher amanhã".

- Histórias reais e momentos de descontração que te lembrarão que a vida é um equilíbrio entre método e ousadia.

E mais importante: você sairá deste livro com ferramentas práticas para ser um Exímio Executor. Porque, no fim das contas, o burro que grita, age. E quem age, transforma.

Está na hora de colocar o pé lá fora. Vamos juntos nessa jornada. **Vai Burro!**

Capítulo 1 – A Filosofia Vai Burro

Capítulo 1 – A Filosofia Vai Burro

Se você já se pegou parado, olhando para uma pilha de tarefas, pensando "Por onde começo?", este capítulo é para você. A Filosofia Vai Burro não pede permissão, não espera o momento perfeito e, definitivamente, não se perde em devaneios. Ela simplesmente age.

O Burro do Aras e a Metáfora da Consistência

Quero começar contando uma história que acontece quase todo dia aqui na fábrica. Na rua sem saída onde estamos, o tempo parece desacelerar. Pela manhã, pegamos frutas dos galhos que dobram para a calçada – amoras, acerolas, até goiabas. É um ritual simples que traz um pouco de leveza antes do trabalho.

Logo em seguida, ouvimos o burro do aras. Ele não para. Cinco vezes por dia – sim, cinco! – ele solta seu grito longo e forte, como se estivesse lembrando a todos nós que é preciso colocar energia naquilo que fazemos. Enquanto os cavalos do aras têm nomes imponentes e dançam em rodeios, o burro simplesmente faz o que tem que fazer. Ele é a personificação da consistência, da energia bruta, da ação que move o mundo.

Esse burro me inspira. Porque, no fundo, o que importa é fazer. E isso nos leva à primeira grande lição da Filosofia Vai Burro: **não espere as condições ideais para agir**.

Feito é Melhor que Perfeito

A Filosofia Vai Burro tem um primo famoso: o Método GO Horse. Ele prega algo simples, mas revolucionário: "Feito é melhor que perfeito." Em outras palavras, pare de esperar pela ideia genial ou pelo plano sem falhas – comece agora, e ajuste conforme necessário.

A grande sacada dessa abordagem é que a ação gera aprendizado. Quando você faz, percebe o que funciona e o que não funciona. Quando você erra, aprende. E cada iteração o deixa mais próximo do sucesso.

Claro, existem riscos. Agir sem pensar pode gerar retrabalho. Mas o retrabalho ainda é melhor do que o arrependimento de nunca ter começado. Por isso, a Filosofia Vai Burro não descarta a estratégia – ela a combina com a ousadia.

Quando o Vai Burro Encontra o Método

Você deve estar se perguntando: "Se é para agir sem esperar, como isso se conecta com metodologias como SCRUM, EPR e Canvas?" A resposta está no equilíbrio.

- **SCRUM**: Dá estrutura ao caos. Ele organiza ações em ciclos curtos (sprints), permitindo ajustes constantes.
- **EPR**: Ajuda a definir metas claras, com prazos e recursos bem planejados.
- **Canvas**: Cria um mapa visual para o planejamento estratégico, deixando tudo claro e objetivo.

O Vai Burro entra onde essas metodologias param: no momento de começar. Ele é o impulso inicial que transforma planos em realidade. Porque, no fim das contas, o melhor planejamento do mundo é inútil se você não agir.

A Segunda Lição: Ritmo é Tudo

Se o burro do aras nos ensina algo além de consistência, é que o ritmo importa. Ele segue sua rotina, gritando cinco vezes ao dia, como um lembrete de que o progresso não acontece de uma só vez – ele é construído em pequenas doses, diariamente.

Essa é uma lição poderosa para empreendedores, profissionais e líderes: **não tente fazer tudo de uma vez. Foque no passo seguinte.** Assim como no SCRUM, onde cada sprint foca em entregas específicas, sua jornada também deve ser dividida em etapas manejáveis.

Reflexão: Qual é o Seu Grito Diário?

Pense no burro por um momento. Qual é o seu grito diário? O que você faz, consistentemente, para avançar na direção dos seus objetivos? Talvez seja escrever uma página por dia, responder 10 e-mails ou simplesmente tomar um tempo para planejar o dia seguinte, como meu pai fazia em sua fábrica de brinquedos.

O importante não é o tamanho da ação, mas a regularidade. Porque, no fim das contas, quem age, colhe.

Conclusão: Vai Burro, Vai Você

A Filosofia Vai Burro não é sobre improvisar sem pensar. É sobre ter a coragem de começar, mesmo quando o cenário não é perfeito. É sobre aprender com o caminho, ajustar a direção e nunca parar de avançar.

Assim como o burro do aras, encontre seu ritmo, grite suas intenções ao mundo e siga em frente. A ação é o que transforma sonhos em realidade.

No próximo capítulo, vamos explorar as metodologias que dão base ao Vai Burro, como o SCRUM, o Método EPR e o Canvas. Mas, por enquanto, lembre-se: **não espere o momento ideal – crie o seu momento e vai!**

Capítulo 2 – Metodologias com Propósito

Capítulo 2 – Metodologias com Propósito

Se a Filosofia Vai Burro nos ensina a agir, as metodologias são o mapa que nos mostra para onde ir. Imagine um burro com energia infinita, correndo sem direção – ele gastaria sua força sem chegar a lugar algum. Agora, imagine esse mesmo burro com um caminho bem definido e paradas estratégicas: ele chega ao destino mais rápido e com menos esforço.

É isso que metodologias como **SCRUM**, **EPR** e **Canvas** fazem por nós. Elas não substituem a ação, mas a tornam mais eficiente e direcionada.

SCRUM: A Arte de Organizar o Caos

SCRUM é um framework que nasceu para simplificar o desenvolvimento de software, mas que pode ser aplicado em praticamente qualquer área. Ele organiza o trabalho em ciclos curtos, chamados **sprints**, permitindo ajustes rápidos e entregas constantes.

Os Elementos do SCRUM

1. **Sprints**: Períodos curtos e focados (1 a 4 semanas) em que a equipe trabalha em um conjunto específico de tarefas.
2. **Daily Meetings**: Reuniões rápidas para alinhar o progresso e resolver problemas.
3. **Product Backlog**: Uma lista de tudo o que precisa ser feito, priorizada pelo impacto.
4. **Time-Boxing**: Cada tarefa tem um tempo limitado, forçando foco e eficiência.

Por que funciona?

SCRUM quebra projetos grandes em pedaços pequenos e manejáveis, permitindo que você entregue valor desde o início. Ele é perfeito para quem quer ver resultados rápidos sem perder a visão do todo.

Vai Burro e SCRUM

Se o Vai Burro nos dá o impulso inicial, o SCRUM nos mostra como manter o ritmo e ajustar a rota. É como meu pai fazia na fábrica: ele tinha um plano claro para o dia seguinte, sabia o que precisava ser feito e revisava suas prioridades constantemente – uma verdadeira *daily* solitária!

EPR: Especificidade, Prazo e Recursos

Enquanto o SCRUM organiza o processo, o Método **EPR** define o que você precisa alcançar, quando e com o quê. Ele é a bússola que alinha sua energia com seus objetivos.

Os Pilares do EPR

1. **Especificidade**: Metas claras e detalhadas. Um objetivo vago, como "quero crescer", não funciona. Em vez disso, diga: "Quero aumentar o faturamento em 20% nos próximos 6 meses, focando em três novos clientes."
2. **Prazo**: Definir quando as coisas precisam acontecer. Sem prazos, o trabalho pode se arrastar indefinidamente.
3. **Recursos**: Identificar tudo o que é necessário para executar – pessoas, dinheiro, ferramentas, tempo, entre outros.

Vai Burro e EPR

O EPR é a base para garantir que a energia do Vai Burro não seja desperdiçada. É como plantar uma árvore: você precisa saber onde plantar (especificidade), quando ela dará frutos (prazo) e o que ela precisa para crescer (recursos).

Especificidade	• Autoconhecimento • Clareza de contexto. • Clareza de propósito. • Clareza de números.
Prazo	• Estimar o tempo. • Definir. • Medir e Ajustar. • Acompanhar.
Recursos	• Pessoas. • Tecnologia. • Ferramentas. • Infraestrutura. • Capital Financeiro.

Canvas: Planejamento Visual e Estratégico

O **Business Model Canvas** é uma ferramenta visual que ajuda a mapear negócios de forma simples e objetiva. Ele divide o planejamento em blocos, facilitando a organização e a tomada de decisões.

Blocos Principais do Canvas

1. **Segmentos de Clientes**: Quem você quer atingir.
2. **Proposta de Valor**: O que você oferece e por que é valioso.
3. **Recursos-Chave**: O que é indispensável para operar.
4. **Parcerias-Chave**: Quem pode ajudar você a atingir seus objetivos.
5. **Canais de Distribuição**: Como seu produto chega ao cliente.
6. **Estrutura de Custos e Fontes de Receita**: Dinheiro que entra e sai.

Vai Burro e Canvas

O Canvas dá clareza e visão de longo prazo. Ele é o oposto do improviso desorganizado – mas se conecta ao Vai Burro ao incentivar a ação prática. É como uma placa na estrada: ela não faz você andar, mas evita que você se perca.

Como Conectar as Metodologias?

Imagine um projeto como uma jornada:

1. **EPR** define o destino e o que você precisa para chegar lá.
2. **Canvas** traça o mapa, destacando as principais paradas e recursos.
3. **SCRUM** organiza a viagem em etapas curtas e ajustáveis.
4. **Vai Burro** faz você dar o primeiro passo e continuar, mesmo sem perfeição.

Juntas, essas abordagens criam um equilíbrio entre planejamento e ação, garantindo que você não apenas comece, mas também conclua com sucesso.

Conclusão: Planeje com Propósito, Aja com Determinação

Metodologias não são inimigas da criatividade ou da ação. Elas são ferramentas que ampliam sua capacidade de executar com clareza e consistência. Como o burro do aras, que segue seu ritmo, ou como meu pai, que planejava diariamente, você pode integrar o melhor dos dois mundos: ação e método.

No próximo capítulo, vamos aprofundar no Método EPR, explorando como cada pilar – Especificidade, Prazo e Recursos – pode ser aplicado na prática. Prepare-se para transformar sua energia em resultados concretos!

Capítulo 3 – O Método EPR Detalhado

Capítulo 3 – O Método EPR Detalhado

Na vida e nos negócios, um dos maiores desafios é transformar ideias em resultados. Quantas vezes você já teve uma ideia brilhante, mas ficou paralisado pela falta de clareza sobre como começar? O Método **EPR** (Especificidade, Prazo e Recursos) foi criado exatamente para resolver isso. Ele funciona como uma bússola, orientando você a definir metas claras, estabelecer prazos alcançáveis e reunir tudo o que é necessário para executar com sucesso.

Neste capítulo, vamos explorar cada um dos pilares do EPR e mostrar como aplicá-los no seu dia a dia.

Especificidade: O Primeiro Pilar

"Se você não sabe onde quer chegar, qualquer caminho serve." Esta frase, atribuída a Lewis Carroll, ilustra bem a importância da especificidade. Metas vagas como "quero crescer" ou "quero ser mais produtivo" são inúteis. Especificidade significa definir exatamente o que você deseja alcançar e como medirá seu progresso.

Como Definir Metas Específicas?

1. **Faça Perguntas Objetivas:**
    - O que exatamente quero alcançar?
    - Por que isso é importante para mim ou para meu negócio?
    - Como saberei que alcancei?

2. **Use o Método SMART**:
    - S: Específica (o que você quer alcançar).
    - M: Mensurável (como você vai medir).
    - A: Atingível (é possível?).
    - R: Relevante (faz sentido para o contexto?).
    - T: Temporal (qual o prazo?).

Exemplo de Meta Específica:

- Meta vaga: "Quero ganhar mais clientes."
- Meta específica: "Quero aumentar minha base de clientes em 20%, conquistando 5 novos contratos no próximo trimestre."

Vai Burro e Especificidade:

A Filosofia Vai Burro não descarta o planejamento; ela simplifica. Um objetivo específico é como uma placa na estrada – ele direciona sua energia, evitando que você corra em círculos.

Prazo: O Segundo Pilar

"Uma meta sem prazo é apenas um desejo." Definir um prazo transforma uma ideia em um compromisso. É o prazo que nos dá urgência e ritmo, nos mantendo focados e produtivos.

Como Estabelecer Prazos Realistas?

1. **Divida em Etapas Menores:**
    - Um grande objetivo pode parecer assustador, mas ao quebrá-lo em etapas menores, ele se torna mais manejável.

- Exemplo: Se você quer lançar um curso online em 3 meses, divida o processo em módulos semanais.

2. **Use o Time-Boxing:**
    - Reserve períodos específicos para trabalhar em tarefas.
    - Exemplo: "Vou dedicar 2 horas por dia durante 1 semana para gravar os vídeos do curso."

3. **Aplique o Ciclo do SCRUM:**
    - Trabalhe com sprints curtos e ajustáveis (1 a 4 semanas).
    - Revise o progresso regularmente.

Vai Burro e Prazo:

O prazo é o freio que equilibra o Vai Burro. Sem ele, você pode agir sem direção. Com prazos definidos, a ação se torna organizada e eficaz.

Recursos: O Terceiro Pilar

"Quem não tem os recursos certos, acaba correndo em vão." Recursos são tudo o que você precisa para executar – desde pessoas e ferramentas até tempo e capital. Planejar seus recursos evita desperdício e aumenta suas chances de sucesso.

Tipos de Recursos no EPR:

1. **Recursos Humanos:**
    - Quem são as pessoas essenciais para atingir sua meta?

- Considere habilidades, competências e disponibilidade.
- Exemplo: Para um lançamento digital, você pode precisar de um designer, um redator e um gestor de tráfego.

2. **Recursos Financeiros:**
   - Quanto dinheiro é necessário? De onde virá esse capital?
   - Exemplo: Um empreendedor pode usar economias próprias, financiamento bancário ou investidores.

3. **Infraestrutura:**
   - Espaços físicos ou equipamentos necessários.
   - Exemplo: Um escritório, máquinas, móveis ou até mesmo uma garagem adaptada.

4. **Tempo:**
   - O tempo é o recurso mais limitado. Planeje o uso do seu tempo como faria com dinheiro.
   - Exemplo: Se o prazo é curto, priorize tarefas essenciais e deixe o perfeccionismo de lado.

5. **Recursos Tecnológicos:**
   - Softwares, ferramentas e sistemas que tornam o trabalho mais eficiente.
   - Exemplo: Ferramentas de gestão como Trello ou Asana para organizar tarefas.

Vai Burro e Recursos:

O Vai Burro nos lembra que nem sempre teremos todos os recursos ideais, mas isso não deve nos parar. Trabalhe com o que tem, busque soluções criativas e aja.

Aplicando o Método EPR na Prática

Exemplo Prático: Lançamento de um Produto Digital

1. **Especificidade:**
   - Objetivo: Lançar um curso online sobre gestão de tempo, com 10 aulas gravadas, em 3 meses.

2. **Prazo:**
   - Sprints:
     - Mês 1: Estruturar o conteúdo e gravar 3 aulas.
     - Mês 2: Gravar o restante das aulas e criar material de apoio.
     - Mês 3: Editar vídeos, criar página de vendas e divulgar o curso.

3. **Recursos:**
   - Humanos: Um designer e um editor de vídeo.
   - Financeiros: R$ 5.000 para produção inicial.
   - Infraestrutura: Um computador com câmera e microfone.
   - Tecnológicos: Plataforma de vendas e ferramentas de e-mail marketing.

Passo Final:

Agir. Depois de planejar com EPR, é hora de colocar o Vai Burro em prática e começar, mesmo que tudo ainda não esteja perfeito.

Conclusão: O EPR Como Sua Base para o Sucesso

O Método EPR é como um tripé: sem um dos pilares, o equilíbrio se perde. Quando você sabe exatamente o que quer (Especificidade), quando quer (Prazo) e com o que vai trabalhar (Recursos), está pronto para agir com confiança.

No próximo capítulo, vamos explorar o **SCRUM**, mostrando como ele organiza o caos e torna a execução mais fluida. Está na hora de transformar energia em resultados. Vai Burro!

> *Eu amo o checklist, em todos os segmentos que eu pude contribuir com mentoria e consultoria eu utilizei o checklist. Atualmente estamos utilizando em uma fábrica, no estratégico, na engenharia, em compras, no gerenciamento e operacional.*

Capítulo 4 – SCRUM na Vida e no Trabalho

Capítulo 4 – SCRUM na Vida e no Trabalho

O SCRUM é conhecido como um dos frameworks mais eficazes para organizar projetos complexos e facilitar a execução em equipe. Originalmente criado para o desenvolvimento de software, ele se mostrou tão poderoso que começou a ser usado em diferentes áreas – desde gestão de empresas até planejamento pessoal.

Neste capítulo, vamos explorar como o SCRUM pode transformar a forma como você organiza sua rotina, seu trabalho e até sua vida pessoal, tudo isso com a leveza e a ação inspiradas pela Filosofia Vai Burro.

O Que é o SCRUM?

SCRUM é como uma receita de bolo que organiza o trabalho em ciclos curtos chamados **sprints**. A cada sprint, você entrega uma parte do projeto, ajusta o que for necessário e continua avançando. Isso evita que você fique paralisado por problemas ou perfeccionismo, incentivando a entrega constante de valor.

Os Três Papéis do SCRUM:

1. **Product Owner:** Define o que é mais importante e prioriza as tarefas.
2. **Scrum Master:** Facilita o processo, garantindo que a equipe siga o SCRUM e remova obstáculos.
3. **Equipe:** Executa as tarefas planejadas para o sprint.

Os Três Elementos Centrais:

1. **Sprints:** Ciclos curtos (geralmente 1 a 4 semanas) para realizar tarefas específicas.

2. **Daily Meetings:** Reuniões diárias de 15 minutos para alinhar o progresso e resolver problemas.

3. **Backlog:** Uma lista de tudo o que precisa ser feito, organizada por prioridade.

Vai Burro e SCRUM:

O Vai Burro conecta-se ao SCRUM porque ambos valorizam a ação e o progresso incremental. O SCRUM dá a estrutura, enquanto o Vai Burro nos lembra que o importante é começar e ajustar no caminho.

Aplicando o SCRUM no Trabalho

Exemplo: Lançamento de um Produto

Imagine que você está lançando um novo curso online. Usando o SCRUM, o processo ficaria assim:

1. **Crie o Backlog:** Liste tudo o que precisa ser feito, como criar conteúdo, gravar aulas, editar vídeos e divulgar o curso.

2. **Planeje o Sprint:** Divida o trabalho em sprints curtos, como:
    - Sprint 1: Estruturar o conteúdo.
    - Sprint 2: Gravar as aulas.
    - Sprint 3: Editar e criar materiais de apoio.

3. **Realize Daily Meetings:** Reúna a equipe diariamente (mesmo que seja só você!) para revisar o progresso e resolver pendências.

4. **Avalie e Ajuste:** Ao final de cada sprint, veja o que deu certo e o que pode melhorar antes de começar o próximo ciclo.

SCRUM na Vida Pessoal

Você sabia que o SCRUM também pode ser usado para organizar sua rotina pessoal? Desde tarefas domésticas até grandes projetos de vida, o framework ajuda a priorizar o que importa e a evitar a sobrecarga.

Exemplo: Planejamento de um Casamento

1. **Backlog:**
    - Escolher o local.
    - Definir lista de convidados.
    - Contratar fornecedores.
    - Planejar a lua de mel.

2. **Sprints:**
    - Sprint 1: Reservar o local e definir a lista de convidados.
    - Sprint 2: Contratar fotógrafo e buffet.
    - Sprint 3: Finalizar decoração e música.

3. **Daily Meetings:**
    - Reuniões rápidas com os envolvidos para ajustar detalhes e resolver problemas.

4. **Entrega Incremental:**
    - A cada sprint, conclua uma parte do casamento, deixando tudo pronto para o grande dia.

Vai Burro e Vida Pessoal:

O Vai Burro entra em ação quando as coisas não saem conforme o planejado – porque, sejamos honestos, isso acontece. Com SCRUM e Vai Burro, você aprende a reagir com criatividade, sem perder o foco no que realmente importa.

História: Meu Pai e o SCRUM antes do SCRUM

Meu pai não sabia o que era SCRUM, mas o aplicava sem perceber. No final de cada dia, ele fazia um *daily* com ele mesmo, revisando o que havia feito e planejando o que faria no dia seguinte.

Essa rotina permitia que ele alcançasse resultados impressionantes, como produzir 150 cadeiras por semana. Ele tinha um backlog mental, organizava suas tarefas em sprints diários e entregava valor constantemente.

Essa história nos ensina que metodologias como SCRUM são, na verdade, maneiras de formalizar práticas que já funcionam. O que meu pai fazia por instinto, você pode fazer com intencionalidade e ainda melhores resultados.

Como o SCRUM Pode Ser Seu Melhor Amigo

Benefícios do SCRUM:

1. **Clareza:** Você sabe o que fazer e por onde começar.
2. **Foco:** O backlog ajuda a priorizar o que realmente importa.
3. **Flexibilidade:** Com ciclos curtos, você pode ajustar rapidamente quando algo não sair como planejado.
4. **Resultados Contínuos:** Cada sprint entrega valor, mantendo você motivado.

Erros Comuns ao Usar o SCRUM:

1. Tentar abraçar mais tarefas do que cabe em um sprint.
2. Não revisar o progresso no final do sprint.
3. Ignorar os ajustes necessários após cada ciclo.

Conclusão: Organize o Caos, Avance com Método

O SCRUM é mais do que uma metodologia; é uma filosofia que valoriza o progresso contínuo e a adaptação constante. Quando você combina o SCRUM com a energia do Vai Burro, descobre uma forma de trabalhar que é produtiva e leve ao mesmo tempo.

No próximo capítulo, vamos explorar o **Canvas**, outra ferramenta poderosa para organizar seus objetivos e transformar planos em realidade. Agora que você domina o SCRUM, está na hora de expandir sua visão estratégica.

Capítulo 5 – Ferramentas do Canvas

Capítulo 5 – Ferramentas do Canvas

Se o SCRUM é a chave para organizar a execução, o Canvas é o mapa que revela o caminho completo para seus objetivos. Originalmente criado para startups e modelos de negócios, o Canvas evoluiu como uma ferramenta visual poderosa, ajudando a conectar ideias e estruturar ações de maneira clara e eficiente.

Neste capítulo, vamos explorar como você pode usar o Canvas para organizar tanto projetos profissionais quanto pessoais. Vamos alinhar essa ferramenta com o Método EPR e a Filosofia Vai Burro, trazendo exemplos práticos que unem estratégia e ação.

O Que é o Canvas?

O **Business Model Canvas** é um quadro dividido em blocos que representam as áreas essenciais de um negócio. Esses blocos ajudam a visualizar todos os elementos necessários para criar, entregar e capturar valor.

No entanto, o Canvas vai além de negócios. Ele pode ser adaptado para estruturar qualquer projeto ou objetivo, transformando ideias soltas em planos claros e objetivos.

Os Blocos do Canvas e o Método EPR

Cada bloco do Canvas tem um propósito específico, e podemos conectá-los aos pilares do Método EPR: **Específico, Prazo e Recursos**.

1. **Proposta de Valor (Específico):**
    - O que você oferece?
    - Qual problema você resolve?
    - Como sua solução se diferencia?

2. **Segmentos de Clientes (Específico):**
    - Quem se beneficia do que você faz?
    - Quais são as necessidades e desejos desse público?

3. **Canais (Específico):**
    - Como você alcança seu público?
    - Quais são os meios mais eficazes de entrega?

4. **Relacionamento com Clientes (Específico):**
    - Como você se comunica e interage com os clientes?
    - Quais estratégias fortalecem a conexão com o público?

5. **Fontes de Receita (Prazo e Recursos):**
    - Como você gera receita?
    - Quais são os preços, modelos de pagamento e estratégias de monetização?

6. **Recursos-Chave (Recursos):**

- Quais recursos são essenciais para o sucesso do projeto?
- Humanos, financeiros, tecnológicos, tempo, infraestrutura.

7. **Atividades-Chave (Prazo e Recursos):**
    - O que você precisa fazer para entregar sua proposta de valor?
    - Como essas atividades se conectam aos sprints do SCRUM?

8. **Parcerias-Chave (Recursos):**
    - Quem pode ajudar você a alcançar seus objetivos?
    - Quais parcerias agregam valor ao seu projeto?

9. **Estrutura de Custos (Recursos):**
    - Quais são os custos envolvidos?
    - Como você pode otimizar recursos para reduzir gastos?

Aplicando o Canvas na Prática

Exemplo 1: Lançamento de um Negócio

Imagine que você está criando uma startup de alimentos saudáveis. Usando o Canvas, você pode:

1. **Proposta de Valor:** Produtos naturais e acessíveis que promovem saúde e praticidade.
2. **Segmentos de Clientes:** Jovens adultos, mães ocupadas, pessoas com restrições alimentares.

3. **Canais:** E-commerce, supermercados, redes sociais.

4. **Relacionamento:** Atendimento personalizado, programas de fidelidade.

5. **Fontes de Receita:** Vendas de produtos, assinaturas mensais.

6. **Recursos-Chave:** Equipe de produção, máquinas, fornecedores confiáveis.

7. **Atividades-Chave:** Desenvolvimento de receitas, produção, marketing.

8. **Parcerias-Chave:** Redes de supermercados, influenciadores digitais.

9. **Estrutura de Custos:** Ingredientes, logística, marketing.

Exemplo 2: Organização Pessoal

Agora, imagine que você quer planejar um grande evento familiar, como um casamento ou uma festa de aniversário.

1. **Proposta de Valor:** Um evento memorável e acolhedor para a família e amigos.

2. **Segmentos de Clientes:** Familiares próximos, amigos íntimos.

3. **Canais:** Convites digitais, grupos no WhatsApp.

4. **Relacionamento:** Atualizações frequentes, comunicação clara.

5. **Fontes de Receita:** Financiamento pessoal, divisão de custos com familiares.

6. **Recursos-Chave:** Espaço, fornecedores, tempo.

7. **Atividades-Chave:** Contratar fornecedores, montar decoração, criar lista de convidados.

8. **Parcerias-Chave:** Familiares ajudando na organização, fornecedores locais.

9. **Estrutura de Custos:** Buffet, decoração, transporte.

História: Meu Pai e o Canvas Sem Saber

Quando meu pai administrava sua fábrica de brinquedos, ele criava um "Canvas mental" para planejar tudo o que precisava ser feito. Ele identificava as demandas, organizava recursos e delegava tarefas, sempre pensando em como entregar o máximo valor.

Sem saber, ele estava usando os princípios do Canvas. Ele visualizava cada elemento do negócio, de recursos-chave (madeira, tinta, máquinas) até parcerias (fornecedores de matéria-prima). O segredo estava em simplificar o complexo e agir com clareza.

Vai Burro e Canvas: Conexão Direta

A Filosofia Vai Burro se encaixa perfeitamente no Canvas. Assim como o burro precisa de uma trilha para avançar, o Canvas organiza o caminho, evitando que você se perca. O importante é começar – mesmo que sua primeira versão do Canvas não seja perfeita, você pode ajustá-lo ao longo do caminho.

Benefícios do Canvas:

1. **Clareza Visual:** Torna mais fácil ver todas as partes do projeto em um só lugar.

2. **Flexibilidade:** Permite ajustes rápidos conforme novas informações surgem.

3. **Conexões Estratégicas:** Mostra como diferentes áreas se relacionam e afetam umas às outras.

4. **Ação Focada:** Ajuda a priorizar o que é mais importante.

Erros Comuns ao Usar o Canvas:

- Criar um Canvas genérico e pouco específico.
- Não revisar ou atualizar o Canvas ao longo do projeto.
- Ignorar a execução prática do que foi planejado.

Conclusão: Desenhe Seu Caminho e Vá em Frente

O Canvas é mais do que uma ferramenta; é uma forma de pensar estrategicamente e organizar ações com clareza. Quando combinado com o Método EPR e o SCRUM, ele se torna uma força imbatível para transformar ideias em realidade.

No próximo capítulo, vamos falar sobre **Os Exímios Executores**, explorando histórias e estratégias para se tornar alguém que faz acontecer com consistência e maestria.

Capítulo 6 – Os Exímios Executores (EE)

Capítulo 6 – Os Exímios Executores (EE)

Em um mundo onde ideias abundam, o diferencial não está em quem pensa, mas em quem faz. Exímios Executores (EE) são pessoas que se destacam por transformar planos em ações, superando obstáculos e entregando resultados consistentes.

Neste capítulo, vamos explorar o que define um Exímio Executor, as habilidades que ele cultiva e como você pode se tornar um deles, integrando os conceitos do Método EPR, SCRUM, e Vai Burro em sua rotina.

O que é um Exímio Executor?

Um Exímio Executor é alguém que:

1. **Planeja com Clareza:** Define objetivos específicos e traça caminhos viáveis para alcançá-los.

2. **Age com Determinação:** Parte para a ação sem hesitar, enfrentando os desafios com resiliência.

3. **Aprimora ao Longo do Caminho:** Entende que a perfeição é um processo e ajusta sua abordagem conforme necessário.

4. **Entrega Consistentemente:** Cumpre o que promete, construindo uma reputação de confiabilidade.

As 5 Características de um EE

1. **Proatividade:**
   - Não espera que os problemas se resolvam sozinhos.
   - Identifica o que precisa ser feito e faz antes de ser solicitado.

2. **Foco no Resultado:**
   - Define métricas claras para medir o sucesso.
   - Trabalha com eficiência, priorizando o que gera maior impacto.

3. **Resiliência:**
   - Enfrenta falhas e obstáculos com uma mentalidade de aprendizado.
   - Persevera mesmo diante de dificuldades inesperadas.

4. **Adaptabilidade:**
   - Ajusta estratégias conforme o cenário muda.
   - Abraça a mudança como parte do processo de crescimento.

5. **Colaboração:**
   - Trabalha bem em equipe, sabendo delegar e confiar nos outros.
   - Reconhece que o sucesso coletivo é maior do que o individual.

O Método EPR na Vida de um EE

Os Exímios Executores aplicam o Método EPR em tudo o que fazem:

1. **Específico:**
    - Clarificam suas metas antes de agir.
    - Exemplo: Um EE não diz "Quero crescer profissionalmente", mas sim "Quero ser promovido em 6 meses, entregando projetos estratégicos".

2. **Prazo:**
    - Estabelecem deadlines para cada tarefa.
    - Exemplo: Dividem um projeto grande em sprints semanais, usando o SCRUM para acompanhar o progresso.

3. **Recursos:**
    - Identificam e maximizam os recursos disponíveis.
    - Exemplo: Buscam ferramentas tecnológicas, delegam tarefas e otimizam o tempo para alcançar o melhor resultado possível.

História: Meu Pai, o EE Original

Meu pai era um exemplo vivo de Exímio Executor. Após cada expediente na fábrica, ele refletia sobre o dia seguinte, visualizando cada etapa do que precisava ser feito.

Ele dizia:

"Quem quer acordar cedo tem que dormir cedo."

Esse simples hábito de planejar à noite era sua forma de fazer um "Daily Meeting" consigo mesmo. O resultado? Produzia 150 cadeiras por semana com consistência, sempre melhorando sua técnica.

Meu pai não esperava pela perfeição. Ele sabia que começar e ajustar no caminho era o segredo para o sucesso.

Vai Burro: A Essência do Fazer

Os Exímios Executores personificam a Filosofia Vai Burro. Eles sabem que o mais importante é dar o primeiro passo, mesmo que tudo ainda não esteja perfeitamente alinhado.

O burro não espera a trilha perfeita; ele começa a andar e descobre o caminho no percurso. Da mesma forma, um EE inicia suas ações com os recursos disponíveis, confiando em sua capacidade de resolver problemas no trajeto.

Como Desenvolver a Mentalidade de um EE?

1. **Quebre Metas em Tarefas Menores:**
   - Transforme objetivos grandes em passos diários e semanais.

2. **Pratique a Autodisciplina:**
   - Crie rotinas que facilitem a ação.
   - Exemplo: Estabeleça horários fixos para trabalho focado e descanso.

3. **Reflita e Ajuste:**
   - Reserve um tempo diário para revisar o que funcionou e o que pode ser melhorado.

4. **Abrace o Aprendizado Contínuo:**
   - Busque conhecimento, mas não fique preso à teoria. Aprenda enquanto faz.

5. **Celebre Pequenas Vitórias:**
   - Reconheça os progressos, por menores que sejam, para manter a motivação.

Os Perigos do Perfeccionismo

Um dos maiores inimigos dos Exímios Executores é o perfeccionismo. Ele paralisa, cria frustração e impede o progresso.

Lembre-se:

"É melhor feito do que perfeito."

Um EE sabe que a execução imperfeita é o caminho para o aprimoramento.

Exercício Prático: Transforme-se em um EE

1. **Defina uma Meta Específica:**
    - Exemplo: "Quero escrever um artigo para o blog da empresa até sexta-feira."

2. **Divida em Tarefas:**
    - Segunda: Escolher o tema.
    - Terça: Pesquisar referências.
    - Quarta: Escrever o rascunho.
    - Quinta: Revisar e finalizar.
    - Sexta: Publicar.

3. **Execute e Ajuste:**
    - Avalie o que deu certo e como pode melhorar no próximo ciclo.

Capítulo 7 – Resiliência e Adaptação: Transformando Obstáculos em Oportunidades

Capítulo 7 – Resiliência e Adaptação: Transformando Obstáculos em Oportunidades

Se há algo inevitável na jornada de qualquer executor, é o surgimento de desafios. Esses momentos são cruciais para definir quem persevera e quem desiste. A resiliência é a capacidade de resistir, aprender e crescer diante das adversidades, enquanto a adaptação é a habilidade de ajustar o plano para superar o inesperado. Juntas, elas formam o alicerce para transformar obstáculos em oportunidades.

O que é Resiliência?

Resiliência é a força emocional e mental para lidar com pressões, fracassos e recomeços. É o que permite a um executor se levantar após cada queda, com mais sabedoria e determinação.

Um exemplo prático: imagine um projeto que falhou. O resiliente não vê o fracasso como um fim, mas como um aprendizado que o prepara para tentar novamente, agora com uma abordagem mais eficaz.

O que é Adaptação?

Adaptação é a flexibilidade para ajustar planos e estratégias conforme as circunstâncias mudam. Um executor adaptável sabe que insistir em uma abordagem que não funciona é desperdiçar energia. Ele avalia a situação e ajusta sua rota para continuar progredindo.

"Adapte-se ou fique para trás." Essa é a regra de ouro em um mundo em constante transformação.

Resiliência e Adaptação no Método Vai Burro

A filosofia Vai Burro ensina que nem tudo será perfeito no início, mas o importante é começar. Ao longo do caminho, surgirão dificuldades. É aí que a resiliência e a adaptação entram em cena. Você enfrenta o problema, ajusta sua abordagem e segue em frente.

Exemplo: Um burro que encontra um rio no caminho não desiste. Ele tenta atravessar, busca outra passagem ou até espera o nível da água baixar. O importante é que ele continua buscando maneiras de avançar.

Os 5 Pilares da Resiliência e Adaptação

1. **Aceitação da Realidade:**

    o Reconheça que problemas são inevitáveis e parte do processo. Encare-os como desafios, não como barreiras intransponíveis.

2. **Foco na Solução:**

    o Concentre-se em resolver o problema, em vez de lamentar a situação.

    o Pergunte-se: "O que eu posso fazer agora para melhorar isso?"

3. **Flexibilidade Mental:**

    o Esteja aberto a mudar de estratégia ou buscar ajuda quando necessário.

4. **Persistência com Propósito:**

    o Lembre-se do motivo pelo qual você começou. Use seu propósito como combustível para seguir em frente.

5. **Autocuidado:**

    o Cuide de sua saúde física e mental. Resiliência é mais fácil quando você está descansado e equilibrado.

História: O Dia em que a Máquina Parou

Na fábrica do meu pai, houve um dia em que a principal máquina de corte quebrou. Era uma situação crítica: pedidos acumulados, clientes esperando, e nenhuma solução imediata à vista. Em vez de se desesperar, meu pai mobilizou a equipe, encontrou maneiras alternativas de cortar as peças manualmente e acionou um técnico para o reparo.

Naquela semana, a produção caiu, mas os clientes não ficaram sem resposta. A solução improvisada não era perfeita, mas manteve a fábrica funcionando. Essa experiência ensinou à equipe a importância de resiliência e adaptação em momentos de crise.

Exercício Prático: Desenvolvendo Resiliência e Adaptação

1. **Reflita sobre um Desafio Recente:**
    - O que deu errado? Como você reagiu?
    - Anote pelo menos uma lição aprendida.

2. **Planeje Cenários Alternativos:**
    - Escolha um objetivo atual e liste possíveis obstáculos.
    - Para cada obstáculo, escreva uma solução alternativa.

3. **Fortaleça sua Resiliência Diária:**
    - Pratique a gratidão para focar no positivo.
    - Estabeleça pequenas metas para criar um senso de progresso.

Frases que expressam este capítulo

- "Adapte-se ou fique para trás."
- "A queda não define o fracasso; a desistência, sim."

Conclusão: A Arte de Persistir e Mudar

Resiliência e adaptação são habilidades essenciais para qualquer Exímio Executor. Elas permitem que você enfrente os desafios inevitáveis da vida com coragem e criatividade, transformando dificuldades em degraus para o sucesso.

No próximo capítulo, vamos falar sobre **o poder do networking e como construir relacionamentos duradouros que impulsionam sua jornada como executor.**

Capítulo 8 – Histórias do Burro, do Cavalo e do Aras

Capítulo 8 – Histórias do Burro, do Cavalo e do Aras

Objetivo do Capítulo

Este capítulo traz uma série de histórias leves, engraçadas e reflexivas que usam o **burro** e o **aras** como metáforas. A ideia é explorar:

- **Consistência**: Como o burro age todos os dias sem parar, mesmo sem aplausos.

- **Energia e Ritmo**: A diferença entre a explosão de um cavalo e a persistência do burro.

- **Produtividade e Persistência**: Fazer um pouco todos os dias, sem desistir.

- **Leveza**: Usar o humor e a simplicidade para ensinar lições profundas.

1. A História do Burro no Aras

Comece contando a história do burro que você viu no aras próximo à fábrica.

- **Detalhes visuais**: Descreva o ambiente simples, o som dos animais e o cenário bucólico.

- **A cena marcante**: O burro que "grita" todos os dias no mesmo horário, como se fosse um ritual.

- **Reflexão**: O grito do burro não é só barulho; é a manifestação de **consistência**, **energia** e **foco**. Ele está ali, firme, fazendo o que ele sabe fazer melhor.

"Enquanto o cavalo busca velocidade, o burro busca constância. O cavalo impressiona, mas o burro persiste."

---

2. O Cavalo e a Explosão de Energia

- Introduza o contraste entre o burro e o cavalo. O cavalo é ágil, rápido e impressionante, mas:
    - Ele cansa rápido.
    - Depende de grandes estímulos para agir.
    - Se algo sai fora do planejado, ele trava ou dispersa.
- **A metáfora do projeto ou negócio:**
    - Muitas pessoas agem como o cavalo: dão um "sprint" impressionante no início, mas não têm **fôlego** para a longa jornada.
    - A ação precisa de ritmo. Melhor andar como o burro do que esperar a motivação de um cavalo.

"Na vida e nos negócios, consistência vence intensidade isolada."

---

3. A Sede do Burro: Humor e Reflexão

Aqui, introduza um toque de humor:

- O burro no aras sempre termina o dia com uma sede enorme.

- Mesmo assim, ele trabalha **todos os dias**, sem falhar. Ele não espera o "momento perfeito" para agir; ele faz e depois resolve o que falta.

- **Reflexão**: Quantas vezes esperamos ter "tudo pronto" para começar?
    - O projeto perfeito.
    - O momento ideal.
    - A motivação 100%.
    - **Mas o burro nos ensina a agir agora e ajustar depois.**

"Se o burro tivesse que esperar estar sem sede para trabalhar, ele nunca sairia do lugar. E você?"

---

4. O Ritmo e a Produtividade

- Conte como o burro tem um **ritmo próprio**: ele anda devagar, mas **não para**.

- Isso conecta com a produtividade diária:
    - Não adianta fazer um esforço gigantesco hoje e parar amanhã.
    - Pequenas ações diárias constroem grandes resultados.

- Exemplo prático: Relate alguma experiência pessoal ou profissional onde **consistência** foi mais valiosa que um "boom" inicial.
    - Pode ser um projeto, uma entrega, ou até mesmo uma fase na sua vida.

"A velocidade pode te colocar à frente, mas o ritmo vai te levar até o fim."

---

5. Transformando Energia em Resultado

- Relacione a energia do burro ao conceito de **foco e execução**:
    - O burro não desperdiça energia pensando demais; ele simplesmente **faz**.
    - Muitas vezes, gastamos mais tempo planejando, procrastinando ou buscando perfeição do que agindo.

- Dê exemplos de situações reais onde "agir como o burro" pode fazer a diferença:
    - Na empresa: Pequenas tarefas diárias geram um projeto entregue.
    - Na vida pessoal: Hábitos simples, como leitura ou exercícios, trazem resultados ao longo do tempo.

"Energia acumulada é energia desperdiçada. Use o que você tem agora, como o burro faz todos os dias."

---

6. Conclusão: A Sabedoria do Burro

Feche o capítulo com uma reflexão motivacional:

- O burro não é admirado como o cavalo, mas ele **entrega**.
- Ele não depende de grandes momentos; ele confia no seu **ritmo diário**.
- Assim como ele, o leitor deve aprender a agir **um pouco todos os dias**, sem esperar as condições perfeitas.

> *"Consistência e ritmo são as armas dos vencedores. Seja como o burro: grite, aja e avance, todos os dias."*

Frase de Fechamento do Capítulo

"Aquele que grita, age. Aquele que age, chega. Não espere o momento perfeito. Faça como o burro: coloque o pé lá fora e vá."

Estrutura Final do Capítulo 8

1. A História do Burro no Aras
2. O Cavalo e a Explosão de Energia
3. A Sede do Burro: Humor e Reflexão
4. O Ritmo e a Produtividade
5. Transformando Energia em Resultado
6. Conclusão: A Sabedoria do Burro

Capítulo 9 – Plantar e Colher: A Jornada do Esforço e Recompensa

Capítulo 9 – Plantar e Colher: A Jornada do Esforço e Recompensa

Objetivo do Capítulo

Este capítulo reforça a relação direta entre **ação constante** e **resultado inevitável**. A metáfora do plantio e da colheita é um símbolo atemporal que ensina sobre:

- **Paciência**: Resultados levam tempo.
- **Consistência**: Plantar todos os dias, mesmo sem ver o fruto imediatamente.
- **Resiliência**: Atravessar as "secas" e os momentos difíceis.
- **Gratidão**: Reconhecer a recompensa como fruto do seu esforço.

1. A Metáfora do Plantio e Colheita

- Introduza a metáfora com uma cena simples e visual: um agricultor no campo.
    - Ele acorda cedo todos os dias, ara a terra, planta sementes e cuida do solo.
    - Durante meses, ele não vê nada além de terra seca.
    - Mas, no tempo certo, o esforço começa a aparecer: as plantas brotam, crescem e dão frutos.
- **Lição**: O sucesso funciona da mesma forma. A **ação consistente** hoje é a semente que vai gerar o resultado amanhã.

"O plantio é a ação. A colheita é a consequência inevitável. Mas entre as duas, há um tempo chamado paciência."

---

2. O Problema de Desistir Antes do Tempo

- Muitas pessoas plantam, mas desistem porque não veem os resultados rapidamente.
- Exemplos práticos:
    - Alguém começa um projeto, mas para no meio do caminho porque "não deu certo".
    - Um empreendedor abandona o negócio porque os lucros não vieram no primeiro ano.
    - Uma pessoa inicia uma dieta ou exercício, mas desiste antes dos primeiros resultados aparecerem.
- **Reflexão**: Desistir antes do tempo é como arrancar a planta antes que ela tenha chance de dar frutos.

"O fruto não nasce no dia seguinte ao plantio. O sucesso exige tempo e cuidado diário."

---

3. A Importância de Cuidar da Terra

- O agricultor não apenas planta, ele também **cuida**:
    - Regar a terra.
    - Proteger das pragas.
    - Remover ervas daninhas.
- Relacione isso com a vida:
    - **Regar a terra**: Alimentar suas metas com ação diária.
    - **Proteger das pragas**: Evitar distrações, procrastinação e negatividade.
    - **Remover ervas daninhas**: Cortar hábitos que te impedem de crescer.

"Plantar é só o começo. O que garante a colheita é o cuidado diário."

4. Histórias Inspiradoras de Plantar e Colher

Traga duas ou três histórias inspiradoras, conectando a metáfora com o mundo real:

História 1: Thomas Edison e a Persistência

- Edison tentou mais de **mil vezes** até inventar a lâmpada elétrica.
- Cada tentativa foi como plantar uma semente. No final, ele colheu o sucesso que mudou o mundo.

> *"Eu não falhei mil vezes. Eu apenas descobri mil maneiras que não funcionam."*

História 2: O Agricultor Chinês e o Bambu

- O bambu chinês leva **cinco anos** para crescer. Durante os primeiros anos, nada aparece na superfície.
- Mas, de repente, em apenas algumas semanas, ele cresce mais de **25 metros**.
- **Lição**: O esforço invisível prepara o terreno para o crescimento visível.

História 3: Uma Experiência Pessoal

- Conte uma história sua ou de alguém próximo, mostrando como a consistência e paciência levaram ao sucesso.
    - Pode ser sobre um projeto, um negócio ou até mesmo uma meta pessoal.

5. Lidando com as Secas e os Desafios

- Na agricultura, existem épocas de seca, pragas e dificuldades. Na vida, não é diferente:

    o   Momentos difíceis no trabalho ou nos negócios.

    o   Fases de desânimo e falta de motivação.

    o   Obstáculos inesperados.

- **Reflexão**: O agricultor não para de plantar porque um ano foi ruim. Ele persiste, pois sabe que a colheita virá.

- **Dica prática**:

    o   Quando estiver em um momento de seca, **foco na ação**. Faça o que está ao seu alcance todos os dias.

"Os desafios não matam a semente. Eles testam a sua capacidade de continuar cuidando dela."

---

6. A Colheita: Celebrando os Resultados

- Fale sobre a importância de reconhecer e celebrar as vitórias:

    - Pequenas metas alcançadas.

    - Projetos concluídos.

    - Resultados de longo prazo que vieram após muito esforço.

- **Lição**: A colheita é o momento de gratidão. Ela mostra que todo o esforço valeu a pena.

"Quem planta com fé, colhe com gratidão."

---

7. Conclusão: Plante Hoje, Colha Amanhã

- Resuma o capítulo com uma mensagem motivacional:
    - O plantio exige **ação, paciência** e **cuidado**.
    - A colheita é apenas a consequência inevitável do que você faz todos os dias.
    - Não desista antes do tempo. Continue plantando, pois o resultado vai chegar.

"O sucesso é simples: plante todos os dias, cuide com carinho e confie no tempo da colheita."

Frase de Fechamento do Capítulo

"A colheita é certa para quem planta com paciência e cuida com dedicação. Não pare. Continue."

Estrutura Final do Capítulo 9

1. A Metáfora do Plantio e Colheita
2. O Problema de Desistir Antes do Tempo
3. A Importância de Cuidar da Terra
4. Histórias Inspiradoras de Plantar e Colher
5. Lidando com as Secas e os Desafios
6. A Colheita: Celebrando os Resultados
7. Conclusão: Plante Hoje, Colha Amanhã

Capítulo 10 – 7 Lições da Fábrica

Capítulo 10 – 7 Lições da Fábrica

Objetivo do Capítulo

Compartilhar **7 grandes lições** que você aprendeu na fábrica, conectando a rotina produtiva, os desafios e a mentalidade prática com o que as pessoas precisam para serem **exímios executores** no trabalho e na vida. Cada lição será uma "chave" para que o leitor entenda como agir, executar e evoluir com base em experiências reais.

1. Introdução: A Fábrica como uma Escola de Vida

- Abra o capítulo contando como a fábrica se tornou uma **grande escola de aprendizado prático**.
- A fábrica, com suas máquinas, prazos, pessoas e processos, ensina mais do que apenas produtividade: ela ensina sobre **resiliência, disciplina, proatividade** e **consistência**.

> *"A fábrica não dá espaço para desculpas. Ela ensina que a única saída é agir, resolver e aprender no processo."*

2. As 7 Lições da Fábrica

Lição 1: O Tempo é Rei

- Na fábrica, **cada minuto conta**. O atraso de uma máquina ou de um operador impacta todo o processo.

- **Aplicação prática**:
    - Use o tempo com inteligência. Cada minuto desperdiçado é uma oportunidade perdida.
    - Desenvolva o hábito de **priorizar tarefas importantes** e eliminar o que não agrega valor.

"Respeite o tempo, pois ele é o recurso mais valioso que você tem."

Lição 2: A Máquina Só Produz se For Bem Cuidada

- As máquinas precisam de **manutenção regular** para funcionarem bem. O mesmo vale para as pessoas:
    - **Cuide do corpo** (sono, alimentação, exercícios).
    - **Cuide da mente** (descanso, leitura, equilíbrio emocional).

- **Aplicação prática**: Se você não estiver bem, não poderá produzir em alta performance.

"Cuide de você como se fosse a máquina mais valiosa do mundo. Porque você é."

Lição 3: Problemas São Resolvidos no Chão de Fábrica

- Quando uma máquina para, o problema é resolvido **no chão de fábrica**, não no escritório.

- **Lição prática**: Vá para a "linha de frente" dos problemas. Resolva na prática, no lugar onde as coisas acontecem.

- **Exemplo**: Como um gestor que desce para a operação para entender e solucionar o que está travando o time.

"Problemas não se resolvem com teorias. Resolvem-se com ação prática e imediata."

Lição 4: Quem Não Aprende, Fica para Trás

- A fábrica está sempre evoluindo: novas máquinas, novos processos, novas tecnologias.

- Quem não se adapta e **não aprende** acaba ficando obsoleto.

- **Aplicação prática**:
    - Invista no seu aprendizado contínuo.
    - Busque evoluir suas habilidades e se adaptar às mudanças.

"O mundo não para de evoluir. Se você parar de aprender, ficará parado no tempo."

Lição 5: Trabalho em Equipe é Essencial

- Na fábrica, cada pessoa tem um papel importante. Uma linha de produção só funciona se **todos trabalharem juntos**.

- **Aplicação prática**:
    - Valorize as pessoas ao seu redor.
    - Comunique-se bem e crie um ambiente onde todos entendam seu papel no "processo".

"Ninguém faz nada grande sozinho. O sucesso é um trabalho em equipe."

Lição 6: A Simplicidade é Poderosa

- Na fábrica, os processos mais eficientes são os mais simples.

- **Aplicação prática**:
    - Simplifique sua rotina, seus processos e suas metas.
    - Elimine o que é desnecessário e foque no essencial.

"O simples funciona. O complexo paralisa."

Lição 7: O Resultado é a Soma de Pequenas Entregas

- Cada peça produzida, cada pequeno ajuste, contribui para o resultado final.
- **Lição prática**: Não subestime o poder das pequenas ações diárias. Elas acumulam e geram grandes resultados.

"Grandes resultados são construídos um passo de cada vez. Não pare de avançar."

3. Histórias da Fábrica: A Prática por Trás das Lições

- Acontecimentos que ilustram lições:
    - Um momento em que o **tempo** foi crítico para entregar um pedido, mas o meu pai usou a criatividade e crença e consistência para continuar mesmo com fatores negativos.
    - Um problema complexo resolvido no **chão de fábrica** com uma solução simples. Meu pai sempre teve essa característica, melhorar as coisas, ele cria ferramentas do zero e faz coisas grandes se moverem. Eu não me esqueço porque estive com ele em vários momentos buscando soluções.
    - Como o **trabalho em equipe** fez a diferença em um projeto importante. Embora o meu pai não seja muito paciente, era humilde, muitas vezes eu levei marmita pra ele na obra, ele costumava levar mais comida para conseguir dividir com os demais

operários que não tinham comida para comer no trabalho. Meu pai chegou a levar um quilo de feijão para cozinhar em uma lata, e na marmita dele tinha vários pedaços de carne para colocar junto desse feijão, e era uma fartura para os operários que trabalhavam com meu pai.

- Certa vez meu pai estava como carpinteiro profissional em uma empresa, um encarregado disse pra ele carregar as madeiras que estavam chegando, e precisavam ser colocadas no caminhão. Meu pai disse que não ia fazer serviço fora de suas atribuições, e foi ameaçado em ser demitido, um colega que não teve o mesmo pulso firme do meu pai, aceitou colocar as madeiras pesadas no caminhão, eram vigas maciças pesadíssimas, e quando elas batiam no acoalho do caminha, escorregavam e não havia nada que parasse o seu movimento, esse mesmo rapaz que aceitou o serviço com medo de perder o emprego, num movimento perdeu o seu braço com o deslizar daquela viga de madeira por cima do caminhão, sinto muito em contar isso, mas isso mostra que a falta de posicionamento em nossas decisões pode custar muito caro. Hoje o posicionamento é muito mais necessário, porque a comunicação está muito veloz e quase tudo na vida é posicionamento, na vida espiritual você deve ser bem posicionado com Deus, se não a igreja sobe para o céu e você corre o risco de ficar aqui. Na vida profissional, um bom posicionamento te traz oportunidades maravilhosas. O posicionamento pode ser muita coisa, e nesta história livrou o meu pai de algo terrível. Hoje meu pai continua com todos os seus membros ativos e trabalhando na sua pequena chácara cuidando de hortas e animais. "Vez em quando ele assa um porquinho e traz uma costelinha pra nós." Como eu sou feliz por ter vivido tantas experiências com meu pai, por ele ter me ensinado a ser um homem. Não dá vontade de parar de escrever rsrsrsrrs. Mas vou deixar aqui um abraço muito apertado e diferente! Quero deixar um abraço respeitoso com a paz do Senhor Jesus. Seja o sangue de Jesus sobre você e sua família operando todas as bençãos que Deus já tem reservado no céu desde quando Ele te gerou. Até já!

4. Conclusão: Leve as Lições da Fábrica para a Vida

- Resuma as 7 lições com uma mensagem inspiradora:
    - O que você aprendeu na fábrica pode ser aplicado em qualquer lugar: no trabalho, na vida pessoal e nos negócios.
    - As **pequenas ações**, o **respeito ao tempo**, o **trabalho em equipe** e a **consistência** são os ingredientes que fazem qualquer pessoa se tornar um **exímio executor**.

"A fábrica ensina que a vida é um processo contínuo de ação, aprendizado e evolução. Coloque essas lições em prática e veja os resultados acontecerem."

Frase de Fechamento do Capítulo

"As melhores lições vêm do chão de fábrica: simples, diretas e poderosas. Aprenda com elas e transforme sua vida."

Estrutura Final do Capítulo 10

1. Introdução: A Fábrica como uma Escola de Vida
2. As 7 Lições da Fábrica
    - Lição 1: O Tempo é Rei
    - Lição 2: A Máquina Só Produz se For Bem Cuidada
    - Lição 3: Problemas São Resolvidos no Chão de Fábrica
    - Lição 4: Quem Não Aprende, Fica para Trás
    - Lição 5: Trabalho em Equipe é Essencial
    - Lição 6: A Simplicidade é Poderosa
    - Lição 7: O Resultado é a Soma de Pequenas Entregas
3. Histórias da Fábrica: A Prática por Trás das Lições
4. Conclusão: Leve as Lições da Fábrica para a Vida

Conclusão: Faça Acontecer

Ser um Exímio Executor não é sobre ter superpoderes ou recursos ilimitados. É sobre ter a mentalidade certa e a disposição para agir, mesmo diante das incertezas.

No próximo capítulo, vamos falar sobre **Resiliência e Adaptação**, explorando como superar os desafios inevitáveis e transformar obstáculos em oportunidades.

Anotações

Anotações

Anotações

Orlando Carvalho
@orlandolimacarvalho

Palestrante, Mentor, Escritor, Criador de:
- Método GM – Líderes que desejam equilibrar os pilares Vida Espiritual, Família, saúde e Negócios.
- Clareza Estratégica – Empresários e gestores que buscam crescimento organizado para os seus negócios.
- GM18K – Esteira de produtos com operação estratégica para especialistas em diversas áreas que desejam se tornarem referências no mercado digital.

Brary Editora - 2024

www.braryditora.com.br

www.ingramcontent.com/pod-product-compliance
Lightning Source LLC
Chambersburg PA
CBHW062116220526
45471CB00010B/3753